AF221515

Glasgow
lieben lernen

Der perfekte Reiseführer für einen unvergesslichen Aufenthalt in Glasgow inkl. Insider-Tipps und Packliste

Sarah Glenn

✈ INHALT

Was Sie in diesem Buch erwartet

„Wenn jemand eine Reise tut, so kann er was erzählen!" [1]

Wie wahr, wie wahr. Jeden von uns drückt von Zeit zu Zeit die Reiselust und wem sei es nicht vergolten? Fremde Länder locken mit unbekannten Städten, der Duft noch nie probierter Speisen mit geheim-

---

[1] Zitat, Matthias Claudius; "Urians Reise um die Welt, mit Anmerkungen", 5. Kapitel, 1. Strophe, 1786

nisvollen Zutaten steigt einem schon allein beim Durchblättern einer Reisezeitaschrift in die Nase. Freunde, Nachbarn, Arbeitskollegen und Verwandte treiben mit Bildern unbekannter Landstriche das Fernweh auf die Spitze. Der Wunsch nach einem Tapetenwechsel wird übermächtig, die Entscheidung ist gefallen. Aber wo soll man hin? Mittlerweile kennt man doch schon jeden Liegestuhl auf Malle. Italien? Spanien? Die Provence? Oder doch eher in den Norden?

Unser Planet ist voll von schönen und unvergleichlichen Plätzen, doch in diesem Buch soll ein Ort vorgestellt werden, der erst in den letzten Jahren an Popularität gewann. Während England schon immer ein beliebter Aufenthaltsort für Jung und Alt war und sich irgendwann in unserer Gesellschaft zu einer Art Allgemeinbildungsziel entwickelt hat, wurde Schottland lange eher stiefmütterlich behandelt. Wer möchte schon in den kalten ungemütlichen Norden des Vereinigten Königreiches?

Doch seien Sie versichert, Ihnen entgeht ein Juwel der Natur und Kultur, sollten Sie sich nur in Madam Tussauds Wachsfigurenkabinett herumtreiben. Schottland überrascht und begeistert mit einer rauen Wildheit, unendlichen Weiten und sattem Grün. Und mit Whiskey. Leider ist hier nicht genügend Platz, um die Herrlichkeit dieser Landschaft zu schildern, deshalb begnügen wir uns vorerst mit Glasgow, der größten Stadt in diesem Land die mit rund 620.000 Einwohnern selbst die Hauptstadt Schottlands, Edinburgh (482.000 Einwohner), übertrumpft. Also, schenken Sie sich ein großzügiges Glas Whiskey oder ein passendes Äquivalent, ein, kuscheln Sie sich in einen Wollpullover und erfahren Sie, weshalb sie Glasgow unbedingt einmal selbst gesehen haben sollten, welche Highlights ein absolutes Muss sind und wo Sie die besten Fish 'n' Chips der Stadt auftreiben können.

P.S.: Jeder sollte es sich leisten können, andere Länder und Städte zu erforschen. Deshalb wurde in diesem Buch darauf geachtet, für alles eine Option auch für den kleinen Gelbeutel einzubauen.

Was bisher geschah

Wie es sich für eine anständige alte europäische Stadt gehört, hat auch Glasgow eine interessante und aufwühlende Historie. Gegründet wurde die Stadt am Fluss Clyde, welcher der drittlängste Fluss Schottlands ist. Angeblich bedeutet der Name ‚Glasgow‘ in Gälisch ‚geliebter grüner Ort‘ oder aber ‚dunkles Tal‘ und wurde um 600 nach Christus von einem christlichen Missionar namens Kentigern gegründet, der später auch St. Mungo genannt wurde. Es gibt zwar

Nachweise einer früheren Siedlung, und die Römer versuchten um 80 nach Christus die dort ansässigen Pikten und die aus Nordirland eingewanderten Skoten zu vertreiben, aber nach dem Zerfall des Antonius Walls eroberten die Einheimischen den Landstrich wieder zurück.

Der Antonius Wall war, wie der Hadrians Wall, eine rund 60 km lange Verteidigungsanlage, welche der römische Kaiser Antonius Pius errichten ließ. Diese Mauern waren vier bis fünf Meter hoch und bis zu drei Metern breit. Auf einer Steinbasis wurde ein Wall aus Holz und Torf errichtet, in regelmäßigen Abständen befanden sich Wachtürme, um die Barbaren im Norden in Schach zu halten.

Allzu gut kann es nicht funktioniert haben, denn nicht lange danach wurden die römischen Legionen wieder an ihre ursprünglichen Grenzen zurückgedrängt und verließen um 410 nach Christus Britannien fast vollständig. Nachdem die Römer Britannien verlassen hatten, waren die Herrschaftsbedingungen zuerst ungeklärt. Bald formten sich aber neue Stämme mit Kriegsherren (War lords). Die wichtigsten Stämme waren die Skoten im Südosten, die Pikten im Nordosten, die Britons im Südwesten und die Angeln im Südosten.

Um 400 nach Christus begann durch den britischen Missionar St. Ninian die Christianisierung der britischen keltischen Inseln, und wurde ab 563 nach Christus durch den Wandermönch mit königlicher Abstammung St. Columban d. Ä. noch weiter in das Land getragen. Um 600 nach Christus erbaute der eingangs schon erwähnte Mönch St. Mungo eine erste Kirche. An ebendiesem Platz befindet sich heute die Kathedrale von Glasgow. Rund um diese bildete sich eines der zwei mittelalterlichen Stadtzentren von Glasgow. Es entstanden Klöster und 1451 auch die Universität Glasgow. Das andere Zentrum befand sich näher am Clyde, etwa bei der heutigen High Street und bestand hauptsächlich aus Siedlungen der Bürger.

Im späten 13. Jahrhundert bis ca. in die Mitte des folgenden Jahrhunderts kam es zu den zwei Schottischen Unabhängigkeitskriegen. Erster gebar den bis heute wohl bekanntesten und beliebtesten schottischen Nationalhelden, verkörpert durch Mel Gibson in „Braveheart", William Wallace. Er führte Kämpfe gegen die Engländer und wurde 1298 in der Schlacht um Falkirk besiegt. Er konnte zuerst aus der Gefangenschaft fliehen, wurde aber durch einen Verrat wieder gefangen genommen und im August 1305 auf grausamste Art und Weise exekutiert. Nachdem er zuerst fast erhängt, bei lebendigem Leib kastriert und ausgeweidet wurde, wurde er schließlich geköpft. Die Unabhängigkeit Schottlands von England wurde 1328 durch das Abkommen von Edinburgh und Northampton gesichert und überstand auch den zweiten Krieg, der 1357 sein Ende fand.

Über die Jahre entwickelte Glasgow sich zu einer richtigen Stadt und wurde 1492 zum zweiten Erzbistum Schottlands, nach St. Andrews. Dadurch gewann sie an Bedeutung und wurde zu einem Ort der Anbetung und Wallfahrt.

In den 60ern des 14. Jahrhunderts überwältigte das Parlamentsheer am heutigen „Queen's Park" in Glasgow die abgesetzte Königin Maria Stuart, welche daraufhin nach England entschwand. Ihr Ende ist ebenfalls bekannt.

Im 18. Jahrhundert kam es nach Jahren der Armut endlich zu einem wirtschaftlichen Aufschwung. 1707 trat Schottland offiziell England bei und bekam damit den Zugang zu dessen Märkten. Es wurde mit Tabak und Sklaven gehandelt, später wurde Zucker importiert und eine Textilindustrie baute sich auf. Auch der Clyde wurde immer mehr genutzt und zu einer Seestraße ausgebaut, welche immer mehr zu einem Tor zum Rest von Schottland avanciert.

Glasgow wuchs schnell, und immer mehr Menschen zog es mit der Aussicht auf Arbeit in die Stadt. Doch die Bedingungen waren schlecht, die Armenviertel rund um Glasgow berüchtigt und gefürchtet. Seuchen und Krankheiten breiteten sich schnell aus. Schließlich bildete sich eine Arbeiterbewegung, die die Interessen ihrer Mitglieder sowohl politisch als auch gewerkschaftlich vertrat.

Ab dem 19. Jahrhundert wurde Glasgow für den Schiffbau bekannt. Der Clyde bot einen optimalen Kanal, der auch ausgiebig genutzt wurde. Doch durch die Erschließung des Landes durch die Eisenbahn, begann der Seeweg an Bedeutung zu verlieren. Mehr und mehr Güter wurden mit der Bahn transportiert und 1896 wurde die drittälteste U-Bahn der Welt in Betrieb genommen. Es etablierten sich Kohle- und Eisenwerke, deren Rohstoffe im

Übermaß aus Lanarkshire in die Stadt gelangten. Dadurch erhielt Glasgow den Beinamen „Zweite Stadt des Empires", denn es war nach London die einflussreichste und wichtigste Stadt Großbritanniens. Im „Goldenen Zeitalter" im späten 19. Jahrhundert hin zur Wende gewann Glasgow an Selbstbewusstsein, Einfluss und Reichtum. Es entstanden Bibliotheken und Museen.

Die Jahre des ersten und zweiten Weltkrieges brachten Schottland eine beträchtliche Auftragslage im Schiffsbau ein. Danach allerdings folgte eine länger andauernde Depression, die mit einer Abwanderung der Einwohner einherging, die Industrie bot nicht mehr genügend Arbeitsplätze. Erst 1990 lebte die Metropole durch die Ernennung zu Europas Kulturhauptstadt wieder auf und begann, mehr in Kultur und Kunst zu investieren.

Die Designs, Jugendstilbauten und die Person des Glaswegians Charles Rennie Mackintosh wurden wiederentdeckt und liebevoll instandgesetzt, die Musik hielt Einzug und machte Glasgow zur UNESCO-Weltmusikstadt 2009. Seitdem wurden immer neue Museen eröffnet und verschiedene

Events ausgerichtet und das hat bis heute nicht aufgehört.

Tipps für den Aufenthalt

DAS RICHTIGE TRANSPORTMITTEL – TIPPS UND TRICKS VOR DEM BUCHEN

In eine fremde Stadt zu reisen macht einen Flug, eine Bahn-, Bus- oder Autofahrt unumstößlich. Um nach Glasgow zu gelangen, können Sie zwischen mehreren Möglichkeiten wählen. Sie können natürlich gemütlich über ein Reisebüro buchen. Dort werden Sie üblicherweise professionell beraten und brauchen sich selbst um nichts mehr zu kümmern, außer um die Gepäckbestimmungen der jeweiligen Airline. Planen Sie die Reise selber, sollten Sie sich zuerst natürlich darüber im Klaren sein, wie lange Sie in Glasgow zu bleiben beabsichtigen und ob Sie nicht zuvor einen oder zwei Zwischenstopps einlegen möchten, wenn Sie sich schon einmal im Vereinigten Königreich befinden.

Wenn Sie sehr abenteuerlustig sind und eine Nacht im Bus ohne Probleme verkraften, dann können Sie zuerst einen Direktflug nach London buchen. Diese sind meist sehr günstig, vor allem, wenn Sie nur mit Handgepäck fliegen. **Achten Sie aber darauf, immer im Inkognito Modus zu surfen!** Wenn Sie im normalen Modus surfen, werden die Algorithmen der verschiedenen Websites die Preise automatisch erhöhen, umso öfter Sie die Seite aktualisieren. Wenn Sie im Inkognito Modus (Private Mode) surfen passiert das nicht. Sie können so oft es Ihnen beliebt die Seite neu laden oder zu einem späteren Zeitpunkt wieder aufrufen, ohne dass sich die Preise geändert haben, weil Sie danach suchen. Außerdem sollten Sie niemals sofort einen Flug buchen, sondern die Preise über einige Zeit verfolgen. Üblicherweise sind Flugtickets 6 Wochen vor dem Flug am günstigsten. Seien Sie auch flexibel mit dem Datum. Flüge unter der Woche sind oft um die Hälfte billiger als Flüge freitags und am Wochenende.

Wenn Sie mit einer Billigflugairline fliegen, überprüfen Sie unbedingt, ob sie schon vorher online einchecken können. So ersparen Sie sich nicht nur das Anstehen am Flughafen und haben somit mehr Zeit vor dem Flug, oft fallen aber auch extra Gebühren an, wenn Sie am Check-In Schalter das Boarding Ticket ausdrucken lassen. Das kann teilweise bis zu 50 € extra kosten! Üblicherweise öffnet der Online Check-in 30 Tage vor dem Flug, oft gegen einen Aufpreis. Zwei Tage vor Flug können Sie dann aber kostenfrei einchecken und den Boardingpass vorher ausdrucken oder als E-Ticket auf ihrem Handy speichern.

Sollten Sie sich dazu entschieden haben, einen Zwischenstopp in Englands Hauptstadt einzulegen und dort einige Tage zu verbringen, können Sie anschließend entweder einen weiteren Flug nach Glasgow buchen oder Sie entscheiden sich für die billige Backpacker Methode: Bus fahren. Von der Victoria Cache Station fahren täglich mehrere Busse in alle Teile Englands und Schottlands. Eine Fahrt nach Glasgow im Nachtbus kostet rund 15 €. Diese Methode ist allerdings nur etwas für hartgesottene Reisende, die nichts dagegen haben acht Stunden mit 30 anderen in einem Bus quer durch England zu düsen. Günstiger ist es auf jeden Fall und mit Melatonin Kapseln, die Sie in jedem Drogeriemarkt bekommen und die Ihnen lediglich helfen schneller einzuschlafen, lässt sich das bis Mitte Dreißig schaffen. Und gegen einen steifen Hals gibt es Dehnübungen.

Hier noch einmal eine kurze Merkliste für ein günstiges und stressfreies Reisen:

- Immer im Inkognito Modus surfen!
- 6 Wochen vor Antritt der Reise sind die Preise meistens am niedrigsten
- Flexibel mit dem Datum sein
- Preise über mehrere Tage hinweg verfolgen
- Zwei Tage vorher kostenlos online einchecken und Boardingpass ausdrucken oder auf dem Handy speichern
- Melatonin Kapseln aus der Drogerie helfen beim Einschlafen und vertiefen den Schlaf natürlich

WAS MUSS INS GEPÄCK?

Wie Sie sicher schon bemerkt haben, sind die britischen Inseln nicht unbedingt von der Sonne verwöhnt. Das bedeutet aber nicht, dass es nicht auch hier warm werden kann. Innerhalb von Minuten kann das Wetter umschlagen, gerade hat es noch geregnet, dann kommt plötzlich die Sonne hervor und zaubert Regenbögen in den Himmel. Aus diesem Grund sei es Ihnen geraten, sich auf alle Eventualitäten vorzubereiten.

Unabdingbar sind aber folgende Dinge: Sie brauchen auf jeden Fall wasserabweisendes oder -festes Schuhwerk, ohne werden Sie jeden Morgen mit trockenen Socken ins Nasse schlüpfen, und wer möchte das schon? Darüber hinaus kann es auch im Sommer unangenehm kühl und windig werden, eine leichtere lange Hose und Ihr Lieblingspulli sollten deshalb auch nicht fehlen. Sollten Sie vorhaben, sich weiter ins Landesinnere zu wagen und einige Wanderungen zu unternehmen, dann wird Ihnen hier sehr zum Erwerb einer Regenhose geraten. Eine gute Regenjacke mit Kapuze brauchen Sie allerdings auch in Glasgow, sie sollte leicht sein, damit Sie sie ohne Störung in eine Tasche packen können. Ein Halstuch und ein Knirps vervollständigt ihre Glasgow - Garderobe. Am besten kleiden Sie sich in Schichten, damit Sie leicht etwas überwerfen oder ausziehen können, wenn das Wetter wieder einmal umschlägt.

Darüber hinaus müssen Sie daran denken, dass die Steckdosen hier anders sind! Sie sollten sich daher früh genug einen passenden Reiseadapter besorgen, der in die vorhandenen Steckdosen passt.

GEPÄCKABGABE

In Deutschland und Österreich gibt es an Bahnhöfen und Flughäfen üblicherweise Schließfächer, die es ermöglichen, lästiges Gepäck bis zum Einchecken im Hotel zu verstauen. Das ist im Vereinigten Königreich allerdings nicht der Regelfall! Weder in London noch in Glasgow werden Sie Schließfächer am Bahnhof finden. Stattdessen gibt es Gepäckabgabe Stationen, sogenannte **„luggage storage"** oder **„left luggage"**, wo Sie ihre Koffer für einen Stundentarif hinterlegen können, welcher aber auch je nach Größe des Gepäcks variiert! Größere Gepäckstücke kosten demnach mehr für die gleiche Zeit als kleine oder mittlere Gepäckstücke. Meist gibt es Zeitsprünge, wo z. B. von der ersten bis zur dritten Stunde 5 £ verrechnet werden, dann von vier bis sechs Stunden 7 £ usw. Entweder Sie müssen zuvor die Stundenanzahl angeben, in denen Sie ihr Gepäck abgeben möchten und sofort bezahlen oder Sie bezahlen erst bei dem Abholen der hinterlegten Güter.

Jedes Gepäckstück wird zuerst gescannt, bevor es aufbewahrt wird, danach bekommen Sie eine Quittung mit einer Nummer, die Sie bei Abholung vorzeigen müssen.

In Glasgow selbst gibt eine solche Gepäckaufbewahrung direkt im Hauptbahnhof neben Bahnsteig 1. Dort können Sie auch einen Platz vorbuchen. Eine weitere Aufgabemöglichkeit bietet sich bei der Buchanan Bus Station an, in welcher die Fernbusse ankommen und abfahren.

Das Unternehmen **Stasher** bietet einen Service an, der in verschiedenen Hotels und lokalen Geschäften das Hinterlegen von Gepäck gegen eine Tagesgebühr von 6 £ ermöglicht. Jeder zusätzliche Tag kostet dann 5 £. Der Vorteil dieses Unternehmens ist, dass die Standorte über ganz Glasgow verteilt sind, es keine Größenrestriktionen gibt und sich alle beteiligten Hotels und Läden nahe bei Bus und Bahnstationen befinden. Diese finden Sie unter www.stasher.com.

DIE GLASWEGIANS UND IHRE SPRACHE

Wann immer man sich auf eine Reise begibt, rechnet man mit gewissen Eigenheiten der Bewohner des besuchten Landes, allerdings meist, ohne diese selbst erlebt zu haben. Sie stammen aus Erzählungen, dem Internet oder einfach aus Gerüchten. Nun ist es ein allgemein international anerkanntes Recht der Briten, sich schrulliger und eigenartiger zu benehmen als der Rest Europas. Noch schrulliger wird es allerdings im Norden Großbritanniens und das liegt nicht nur an dem eigentümlichen Englisch, dass man hier auf den Straßen vernimmt.

Mit unserem Schulenglisch hat das sehr wenig zu tun, nur weit fortgeschrittene England-Liebhaber verstehen in den ersten Tagen überhaupt etwas. Es scheint fast so, als würden die Einwohner dieser Stadt Englisch rückwärts und in doppelter Geschwindigkeit sprechen und die Worte wirken zu Beginn derart hart geformt, als hätte der kalte Wind höchstpersönlich ihre Kanten geschliffen. Die meisten verzweifeln an dem „r", das gerollt wird, als gäbe es kein morgen. Außerdem werden Konsonanten gerne weggelassen, vor allem das „t", beides braucht dort anscheinend niemand. Und so werden aus völlig banalen Sätzen einzigartige Wort Konstrukte wie etwa: „Wherrre ya goin?", anstatt „Where are you going?" (Wo gehst du hin?). Außerdem werden Sie oft statt „Yes" **„Aye"** und „No" **„Naw"** hören.

Aber seien Sie unbesorgt, denn obwohl man meinen könnte, dass meist regnerische Wetter hätte auch auf die Freundlichkeit der Schotten im Allgemeinen und der Glaswegians im Besonderen abgefärbt, stimmt das nicht. Sollten Sie je die Orientierung verloren haben oder etwas Bestimmtes suchen, ohne es sofort finden zu können, dann sei Ihnen geraten sich mit verwirrtem Gesichtsausdruck an den Straßenrand zu stellen und am Kopf zu kratzen, die Chancen stehen gut, dass ein Taxifahrer hält und den Weg erklärt, auch ohne eine Fahrt zu erwarten. Das sollte helfen, natürlich nur, wenn Sie ihn auch verstanden haben.

Aber hier hilft es tatsächlich nur, sehr genau hinzuhören und notfalls höflich nachzufragen, aber niemand wird Ihnen deswegen böse sein. Und es gibt genügend Menschen auf den Straßen, die mit einer Engelsgeduld Richtungsfragen beantworten.

ÖFFENTLICHE TRANSPORTMITTEL

Glasgow verfügt über ein ausgeprägtes Busnetzwerk, dass allerdings wegen des Verkehrs nicht immer ganz pünktlich ist. Dafür gibt es über 100 (!) verschiedene Routen, die die ganze Stadt erschließen.

Die U-Bahn vollführt eine Ellipse über dem Clyde und hält an allen wichtigen Stopps. Allerdings fährt sie nicht durch. **Montags bis samstags** verkehrt die U-Bahn von **6:30 Uhr bis 23:40 Uhr, sonntags von 10:00 bis 18:12 Uhr**. Tickets gibt es hier ab 1,40 £. Sollten Sie einige Tage bleiben, könnte es sich rentieren, eine sogenannte **„Smartcard"** zu kaufen. Auf diese können Sie einen Geldbetrag laden, der dann bei jeder Fahrt zu einem vergünstigten Tarif abgebucht wird.

Oder Sie entschließen sich dazu, einmal mit einem der herrlich altmodischen Taxis durch die Stadt zu brettern und mit dem Fahrer eine Unterhaltung zu führen. Die sind, wie oben schon einmal erwähnt, ausgesprochen freundlich und gesprächig. Die Taxipreise sind darüber hinaus um einiges günstiger als anderswo. Sollte das alles nichts für Sie sein, dann bleibt Ihnen wohl nur, die Fußmaschine anzuwerfen und die Stadt laufend zu durchqueren.

£ PRO TAG

Die Preise in Glasgow sind im Vergleich zum Rest von Europa eher durchschnittlich. Wenn Sie mit einem Budget reisen, dann können Sie locker mit 20-30 £ am Tag auskommen. Nach oben gibt es natürlich kein Limit.

HOTELS

Hotels gibt es in Glasgow zur Genüge. Generell unterscheiden sich britische und schottische Bauten aber ein bisschen von unserem westeuropäischen Standard. Sehr oft kann es sein, dass die Räume etwas niedrig sind, vor allem aber das Badezimmer. Auch die Wände sind teils um einiges dünner.

Sollten Sie mit einem kleinen Budget unterwegs sein, empfiehlt es sich, in einem Hostel, sprich einer Jugendherberge, abzusteigen. Diese sind meist um einiges günstiger und Sie können zwischen verschieden großen Schlafsälen und gemischt oder nicht entscheiden. Generell gilt: Umso größer der Schlafsaal und gemischt, umso günstiger das Bett. Allen, die allerdings ihre Privatsphäre schätzen und nicht vom Schnarchen eines Unbekannten mitten in der Nacht geweckt werden möchten, sollte vielleicht etwas anderes in Betracht ziehen.

Im Folgenden werden Ihnen Hostels und Hotels zu jeder Preisklasse aufgelistet, Preis aufsteigend. Alle hier erwähnten Hotels verfügen über kostenloses WLAN.

Glasgow Youth Hostel
hostellingscotland.org.uk

Dieses Hostel hat in einem alten viktorianischen Gebäude Einzug gehalten. Vom Schlafsaal über Einzelzimmer bis hin zu einem Apartment steht Ihnen hier alles zur Verfügung. Die Zimmer sind einfach, aber sauber und haben ein eigenes Bad. Darüber hinaus werden eine Lounge, ein TV-Zimmer, ein Spielezimmer und Möglichkeiten zum Wäsche waschen angeboten. Ein Bett in einem Schlafsaal gibt es ab 19 €. Die Rezeption ist 24 Stunden besetzt und das Personal ausgesprochen freundlich. Auch der Standpunkt ist strategisch günstig, es liegt nur etwa 1,5 km vom Zentrum entfernt in der **8 Park Terrace, North West.**

Alba Hostel Glasgow

albahostelglasgos.co.uk

Das Alba Hostel ist ebenfalls in einem altehrwürdigen Gebäude untergebracht. Betten gibt es hier ab 26 € in einem Schlafsaal mit eigenem Bad, aber Sie können auch ein Deluxe Zweibettzimmer mit eigenem Bad ab 78 € buchen. Frühstück wird für 5 € extra serviert. Die Eisengestelle der Betten sind zwar etwas unromantisch, dafür ist es ausgesprochen sauber und das TV-Zimmer ist sehr gemütlich eingerichtet. Außerdem gibt es eine Terrasse mit Grillplatz und einen großen Speisesaal. Der Bahnhof Anniesland ist nur fünf Gehminuten von dem Hostel entfernt, von dort aus brauchen Sie nur zehn Minuten bis ins Zentrum von Glasgow. Zu finden ist das Alba Hostel in der **6 Fifth Avenue, North West.**

Sandyford Lodge

sandyfordlodge.com

Sehr zentral gelegen in einer wunderschönen ruhigen Wohngegend befindet sich die Sandyford Lodge. Alle Zimmer verfügen über ein eigenes Bad mit Badewanne oder Dusche. Begrüßt werden Sie mit einer kleinen Kaffee- und Teebar, die Zimmer sind großzügig geschnitten und gemütlich. Das Personal ist überaus freundlich und hilfsbereit und die Rezeption rund um die Uhr besetzt. Außerdem erhalten Sie ein typisch schottisches Frühstück oder Sie bedienen sich bei dem kleinen Buffet, welches im Frühstückssaal zur Auswahl steht.

Darüber hinaus befindet sich das Hotel in einer hervorragenden Lage in der **22 Royal Crescent, North West**, sehr nah am Stadtzentrum, dass Sie gemütlich zu Fuß erreichen können und ist umgeben von großartigen Restaurants. Zimmer gibt es ab 26 €.

Motel One Glasgow
motel-one.com

Das Motel One Glasgow ist ein Design Hotel, das direkt neben dem Bahnhof liegt, ohne jedoch dessen Geräusche bis in das Innere der Zimmer vordringen zu lassen. Das Personal ist sehr hilfsbereit und freundlich und verteilt Tipps für Restaurants und Ausgehmöglichkeiten. Hier ruht sich nicht nur der Körper, sondern auch die Augen aus. Das Design des Hotels ist ein erfrischender Mix aus dezenten dunklen Möbeln, Leder und Klassik, alles wirkt ruhig und gemütlich, aber trotzdem nicht altbacken. Alle Zimmer warten mit Queen- oder Kingsize Betten auf und verfügen über Flachbildfernseher. Das Frühstück wird reichlich serviert und beinhaltet Einflüsse aus aller Welt, damit man einen aufregenden Tag in der Stadt locker übersteht.

Kinder bis 12 Jahre können übrigens kostenfrei im Zimmer der Eltern mitübernachten, deren Preis ohne Frühstück bei 80 € pro Person startet. Das auch hier die Rezeption rund um die Uhr besetzt ist, ist klar. Das Hotel befindet sich in der **78-82 Oswald Street**.

Hotel du Vin

hotelduvin.com

Zu guter Letzt warten wir noch mit einem Luxushotel auf für alle, die es sich einmal so richtig gut gehen lassen möchten. Sie können zwischen normalen Zimmern und exklusiven Suiten wählen, welche alle unterschiedlich gestaltet sind. Hier genießen Sie erholsame Bäder, einen Drink an der exklusiven Bar oder einen guten Merlot aus dem hauseigenen Weinkeller. Dieser Luxus kommt allerdings auch mit einem gewissen Preis, unter 110 € werden Sie hier kein Zimmer finden. Dafür schlafen Sie in ägyptischen Leinen und können Sich gewiss sein, dass Sie sich um rein gar nichts sorgen müssen.

Das Luxushotel liegt etwas außerhalb der Stadtmitte, in **1 Devonshire Gardens.** Mit dem Zug brauchen Sie etwa eine halbe Stunde in das Stadtzentrum, mit dem Auto eine Viertelstunde.

Auf in die Stadt!

Die erste Regel in „Fight Club" lautet: Sprich niemals über den Fight Club! Die erste Regel in Glasgow lautet: Ampeln sind bessere Straßendekorationen die hübsch blinken und müssen deshalb nicht beachtet werden. Ampeln, egal ob für Fußgänger oder Autofahrer, sind für Touristen, Rot-Grün Blinde und alte Menschen, die einen Grund für eine Verschnaufpause brauchen. Ansonsten gibt es tatsächlich auch keine gesetzliche Verpflichtung, dem Ampelzeichen als Fußgänger Folge zu leisten, das gilt für ganz Großbritannien. Auch wenn für Sie die Ampel eigentlich gerade auf

Rot steht dürfen Sie, wenn kein Auto kommt, die Straße legal überqueren. Aber obwohl diese Regel eigentlich nur für Passanten gilt, so haben alle Autofahrer und Busfahrer diese ebenso übernommen. Wappnen Sie sich also dafür, dass ihr Busfahrer in aller Seelenruhe in die Kreuzung einfährt, obwohl die Ampel schon lange auf Rot steht. Darüber hinaus sind Geschwindigkeitsangaben für die Einheimischen Vorschläge, aber keine Begrenzungen.

Sobald Sie also ihre erste Straßenüberquerung gemeistert haben, können Sie sich in das Gewühl werfen!

DAS ESSEN HIER

Die schottische Küche hat nicht unbedingt einen Weltruf, der sie als Gourmet Cuisine auszeichnet. Zu Unrecht allerdings! Für einige der vorgeschlagenen Speisen braucht es eine Portion Abenteuersinn, das ist wahr, allerdings lohnt sich der Mut in den meisten Fällen. Hier werden Ihnen einige der ‚Musttries' aufgelistet, zusammen mit den entsprechenden Restaurants und Imbissbuden, wo Sie die Köstlichkeiten erstehen können. Also, öffnen Sie ihren kulinarischen Geist, um einige spannende neue Gerichte kennen zu lernen!

Ein kurzer Hinweis: In vielen Imbissbuden kostet es meist ein Pfund mehr, wenn Sie dort essen möchten, anstatt die Gerichte zum Mitnehmen zu bestellen. An der Speisetafel werden diese Preise dann unter ‚Sit in' angeführt. Diesem Brauch werden Sie auch in England begegnen.

FULL SCOTISH

Nachdem Sie ihr Gepäck erfolgreich losgeworden sind und sich über die erste rote Ampel getraut haben knurrt Ihnen vermutlich schon der Magen. Zeit für Kulinarik! Und wie beginnt man den Tag besser als mit einem füllenden Frühstück? Sicherlich haben Sie schon von dem weltbekannten **„Full English Breakfast"** gehört, dass einen mit **gerösteten und gebuttertem Toast, Eiern, Baked Beans, Würstchen, gegrillten Tomaten, Black Pudding, gebratenen Speck oder Schinken und frittierten Pilzen** sofort wieder zurück ins Bett schickt. Auch in hier in Schottland gibt es ein **„Full Scottish Breakfast",** das die oben angeführte Liste noch einmal um Haggis erweitert. Sollte Haggis neu in Ihrem Wortschatz sein, dann lassen Sie sich aufklären. Haggis ist eine schottische Spezialität, die auf den ersten Blick nichts für schwache Mägen ist. Die Innereien eines Schafes werden gekocht und faschiert, mit Gewürzen, Zwiebeln und Hafermehl angereichert und dann wieder in den Schafsmagen gefüllt und nochmals gekocht. Sobald der entsetzte Ausdruck wieder aus ihrem Gesicht gewichen ist, sollten Sie nicht zögern ein bisschen davon zu probieren. Denn obwohl die Zutaten etwas fragwürdig klingen, ist dieses Gericht überraschend wohlschmeckend, wenn es richtig zubereitet wurde. Ein oder zwei kleine Scheiben werden bei einem schottischen Frühstück mit dazu serviert.

Darüber hinaus wird Ihnen noch ein sogenannter **„Tattie Scone"** anbei gelegt. Über Scones werden Sie später noch mehr erfahren, dieser hier besteht aus Kartoffelteig und hat einen großen Hohlraum in der Mitte. Sollten Sie dann noch Platz haben, können Sie ihr Frühstück mit einer Schale Haferbrei abrunden.

Die besten Plätze, um ein solches Frühstück in aller Ruhe zu genießen, sind hier aufgelistet:

Café Gandolfi

cafegandolfi.com

Ob die Anspielung auf Gandalf den Weißen hier gewollt ist oder nicht, ist nicht bekannt, auch wenn die Einrichtung gut in das „Tänzelnde Pony" passen würde. Die Tische haben alle noch die natürlich Baumstammform, die Wände sind dunkel vertäfelt und die Stühle alle anders. Alle Möbel bestehen aus Holz und verbreiten ein uriges und heimeliges Gefühl. Sieben Tage die Woche steht Ihnen in diesem Café bis 11:15 Uhr ein Frühstücksmenü zur Auswahl, das alles beinhaltet, was das Herz begehrt. Das Full Scottish Breakfast ist mit 11 £ in der Mittelklasse angesiedelt. Toll ist auch, dass es eine vegetarische Variante gibt, die dem Original in fast nichts nachsteht. Wer dem Haggis immer noch nicht so ganz über den Weg traut, der kann sich zwischen verschiedenen French Toasts, Pancakes, Porridges, Scones oder Eiern entscheiden. Zu finden ist das Café in der **64 Albion Street**.

Cafézique

cafezique.com

Hier wird nicht gekleckert, sondern geklotzt. Es gibt neben der normalen und der vegetarischen auch eine vegane Option für ein Full Scottish Breakfast. Das hausgemachte Sauerteigbrot wird zur Perfektion geröstet, die Scheiben dick geschnitten. Frühstück wird hier den ganzen Tag lang serviert. Zur Auswahl steht auch ein hausgeräucherter Lachs, der mit pochiertem Ei auf einem English Muffin und Sauce Hollandaise serviert wird. Ein Traum! Das Interieur ist eher modern und nicht ganz so heimelig wie das des Gandolfis, in punkto Essen steht es ihm aber in nichts nach. Preislich liegen die beiden ungefähr auf dem gleichen Niveau. Unbedingt probieren sollten Sie auch die hausgemachten Kuchen, Muffins, Scones und Pies. Für die ist immer Platz, denn Süßes geht ja bekanntlich nicht in den Magen, sondern zum Herz.

Leicht erkennen können Sie das Café in der **66 Hyndland Street** an den knallroten Fadenstühlen vor dem Eingang und der etwas abgeblätterten Farbe des Hauses.

Celino's

celinos.com

Das Celino's ist, wie der Name es schon verrät, eigentlich ein italienisches Restaurant, das aber auch eine gute Frühstückskarte hat. Wer etwas Abwechslung möchte, ist hier richtig, denn neben den typisch schottischen Gerichten haben sich auch einige Italiener eingeschmuggelt, wie etwa Cannoli und Mozzarella French Toast. Preislich ist das Celino's mit rund 8 £ etwas günstiger, Tee oder Kaffee ist schon inkludiert, außerdem gibt es zwei Standorte des Restaurants. Eines befindet sich in **620 Alexandra Parade**, das andere in der **235 Dumbarton Road**.

Auch hier haben Sie die Wahl zwischen einem traditionellen und einem vegetarischen schottischen Frühstück sowie zwischen verschiedenen French Toasts, Pancakes und Hot Rolls.

Café Wander

cafewander.com

Dieser letzte Spot weist wieder mehr des etwas abgekratzten und alten Charmes eines schottischen Imbisses auf. Aber hier gibt es immer einen Wochenendbrunch, das Personal ist ausgesprochen freundlich, es gibt glutenfreies Brot, Sojamilch und Aufstriche ohne Milchprodukte. Das Full Scottish kostet hier nur 7,75 £, das vegetarische noch ein Pfund weniger. Außerdem gibt es warme Waffeln, Porridge, Müsli, Suppe mit Brot, French Toast und eine schöne Auswahl an selbstgepressten Säften und Smoothies sowie eine nette Tee-Karte. Obwohl eher eine Studenten- und Mensaatmosphäre herrscht, versammeln sich alle hier, um ein füllendes Frühstück zu genießen, wenn der Regen draußen auf die Straße trommelt. Und wegen der Kinderzeichnungen, die aushängen, müssen Sie dem Café in der **110 West George Street** unbedingt einen Besuch abstatten.

FISH 'N' CHIPS

Was wäre ein Trip durch Großbritannien ohne dieses inoffizielle Nationalgericht? Was in Norddeutschland die Currywurst ist, ist hier Fish 'n' Chips. Frischer Fisch wird durch einen Backteig gezogen und dann vor Ihren Augen knusprig frittiert. Serviert wird das Filet dann mit herrlichen fingerdicken Chips (Pommes) und „Malt Vinegar", einem malzigen Essig oder einer Zitronenscheibe. Sie werden hier nur einmal gewarnt, also lesen Sie genau: **Eine normale Portion ist groß genug**. Lesen Sie es zur Sicherheit noch einmal: Eine normale Portion ist groß genug. Lassen Sie sich nicht, unter keinen Umständen dazu verleiten, allein eine große Portion zu bestellen, denn diese sind ausnahmslos zum Verzehr zu zweit gedacht! Selbst wenn Sie einen Magen wie Herkules haben sollten, auch dieser Held hätte bei einer großen Fish 'n' Chips Portion kapituliert. Denn *groß* heißt auch *groß*. Wir sprechen dann von einem unterarmlangen Stück Fisch, dass anderthalb Handteller breit und zwei Finger dick ist, mindestens. Oder Sie bekommen einfach zwei Filets mit so vielen Chips, dass sie Ihnen aus den Ohren wieder rauskommen. Sie sind gewarnt.

Meist können Sie bei einem Fish 'n' Chips Restaurant oder Stand zwischen zwei Arten von Fisch wählen, „**Cod**" (Kabeljau) oder „**Haddock**" (Schellfisch). Eher seltener steht auch „Pollock" (Seelachs), „Whiting" (Merlan) oder „Plaice" (Scholle) zur Auswahl. Traditionell ist auf jeden Fall Kabeljau, die anderen sind aber auch empfehlenswert. Neben den Chips können Sie dann noch aus einer Reihe von „**Sides";** also Beilagen wählen. Lassen Sie sich hier nicht von seltsamen Namen abschrecken! Am wärmsten empfohlen seien Ihnen „**Mushy Peas**", ein Erbsenpüree, „**Gravy**" eine dickflüssige Soße, „**Onion rings**" Zwiebelringe oder „**Fried**

Mushrooms" also frittierte Pilze. Außerdem sollten Sie einen **„Fishcake"** probieren, einer Art Fischbulette.

Folgende Restaurants können wir Ihnen hier empfehlen:

Merchant Chippie:

zomato.com

Dieses Restaurant ist ein Oldie but Goldie in Glasgow. Wenn Sie hier einkehren, werden Sie mit Sicherheit einigen Studenten von Strathclyde begegnen, die sich mit dem Klassiker den Magen füllen. Wer einen aufpolierten Laden erwartet, ist hier nicht an der richtigen Adresse, es ist eher nostalgisch mit der dunklen abgeschlagenen Theke und den Fliesen auf Boden und Wänden, aber an dem Geschmack der Fish 'n' Chips ändert das natürlich nichts! Der Shop befindet sich in der **155 High Street, City Centre** und wartet schon auf Sie.

Catch

catchfishandchips.co.uk

Wer gerne die Wahl zwischen einem einfachen Take-away oder doch etwas schöner angerichteten Essen in ein und demselben Restaurant hat, der sollte sich auf den Weg zu „Catch" machen. Während das Essen zum Mitnehmen wie üblich in einfachen Pappdosen über die Theke gereicht wird, kann man oben in der Galerie bei leicht nautischem Flair durch das große Fenster auf die Straße schauen und sich eine etwas extravagantere Version eines Fish 'n' Chips servieren lassen. Auf großen silbernen Tabletts kommt der extrem knusprige Fisch, zusammen mit einem kleinen Salat, Sauce Tatar, Zitrone und einer lustigen kleinen Sprühflasche mit einem sehr milden Essig darin, die man, so man will, mitnehmen darf. Die Chips kommen nebenan in einem kleinen Kupferpokal. Selten war Fast Food so schön und schmackhaft wie in der **186 Fenwick Road, Giffnock.**

Val D'Oro

Das Val D'Oro ist das älteste Fish 'n' Chips Lokal in ganz Glasgow, welches 1875 eröffnet wurde. Hier wird nicht lange gefackelt, die Speisekarte ist kurz, aber fettig und traditionell. Und es ist herrlich! Die Chips sind nicht ganz so knusprig wie anderswo, aber irgendwie passt es zu dem schrulligen Laden mit den etwas seltsamen Sitzbänken, die wirken, als würden sie gleich mit einem aus der Tür rollen.

Manche Restaurants leben von mehr als nur von dem Essen, dass sie servieren. Denn der singende Kellner, der seine Gäste nach Gutdünken mit italienischen Opernarien beglückt, ist eine lebende Legende in der Stadt am Clyde und das Herz dieses Ladens. Finden können Sie diesen in der **12-14 London Road.**

The Finnieston
thefinniestonbar.com

Last but not least wird es doch noch einmal etwas nobler. Im „The Finnieston" an der **1125 Argyle Street** wird schön aufgetischt, das Restaurant ist bekannt für seine Meeresfrüchte und für die über 60 Sorten von Gin, die man dazu bestellen kann. Das Interieur ist dunkel und eine sehr gelungene Mischung aus altem schottischen Pub-Charme und rauer Modernität. Hier isst das Auge mit, die Gerichte werden auf hübschen Steinzeug Tellern und Platten serviert, bunte Streifen exotischer Soßen machen ein Kunstwerk aus dem Essen und selbst die Speisekarten sind ein Kunstwerk. Das zeigt sich auch im Preis, deshalb ist diese Lokation eher etwas für den Abend.

TEA TIME

Einer der ersten Gedanken, der einem bei den Ländern England, Irland und Schottland durch den Kopf schießt ist, dass nichts englischer ist als ein „Afternoon Tea", außer vielleicht die Queen. Diese Zwischenmahlzeit am Nachmittag ist eine herrliche Erfindung des frühen 19. Jahrhunderts und soll den Magen in den langen Stunden zwischen Mittagessen und Abendmahl füllen. Serviert wird bei einem klassischen „Afternoon Tea" eine Kanne Tee nach Wahl und eine Etagere, die aus drei Platten besteht. Ganz unten stehen zwei oder drei Sorten von sogenannten „Fingersandwiches" zur Auswahl.

In der Mitte erwarten Sie dann warme Scones mit „Clotted Cream" und Marmelade, verschiedene Kuchen und Muffins. Auf der Spitze erhalten Sie meist ein cremiges Dessert. Alles ist klein, aber fein und macht genau richtig satt, um einige Stunden später trotzdem wieder richtig zulangen zu können. Allerdings kann ein „Full Afternoon Tea" etwas kostspielig werden. Sie sollten mit 12-26 £ pro Person rechnen!

Das ist ein „Full Afternoon Tea". Sollte das allerdings schon zu viel für Sie sein und Sie wünschen etwas, dass mehr an eine Kaffee- und Kuchenpause erinnert, dann sollten Sie einen „Cream Tea" wählen. Der Name hat nichts mit Sahne im Tee zu tun, sondern ist einfach nur eine kleinere und günstigere Version des „Afternoon Teas" und kostet rund 5 £. Hier werden lediglich eine Kanne Tee und meist ein Scone mit Clotted Cream und Marmelade oder ein getoasteter Teekuchen serviert. Letzterer erinnert eher an einen Brioche als an einen richtigen Kuchen, ist aber auch sehr schmackhaft.

Clotted Cream ist ein nicht wegzudenkender Bestandteil für einen Scone. Sie wird aus roher Kuhmilch hergestellt und erinnert an Mascarpone. Sollten Sie die Entscheidung zwischen Butter und Clotted Cream zu Ihrem Scone haben, dann wählen Sie auf jeden Fall Letztere! Sie passt einfach besser zu einem Scone, ein Gebäckstück, das sich mit nichts im deutschsprachigen Raum vergleichen lässt.

Haben Sie Glück, dann wird Ihnen der Scone warm serviert. Wenn Sie ihn der Länge nach in der Mitte auseinanderbrechen, dann sehen Sie die einzelnen Schichten des schweren Teiges. Sie müssen diese Delikatesse selbst probiert haben, denn sie lässt sich nur schwer beschreiben. Ein Scone sollte immer buttrig, weich und saftig sein, mit einer knusprigen Krumme.

Eine weitere Köstlichkeit, die nur hier richtig gut schmeckt, ist der „Victoria Sponge Cake" oder auch „Victoria Sandwiches". Wie der Name schon verrät, wurde dieser Kuchen nach der Queen Victoria benannt und besteht aus zwei Schichten Biskuitteig, die in der Mitte mit geschlagener Sahne und Erdbeermarmelade gefüllt werden. Stoßen Sie in einem Café oder Tearoom darauf, dann sollten Sie es sich nicht nehmen lassen, davon zu probieren.

Sobald Ihnen die Füße wehtun, wird es Zeit, sich nach einem Tearoom umzusehen. Wir haben Ihnen hier die besten in Glasgow aufgelistet. Lassen Sie sich für Ihre „Tea Time" unbedingt genug Zeit! Sie sollten sich entspannen und ausruhen können, hier ist kein Platz für Hektik.

The Hidden Lane Tearoom
hiddenlanetearoom.com

Wie der Name schon sagt, ist dieser Tearoom alles andere als leicht auszumachen. Versteckt in der Hidden Lane ist er zu einem Geheimtipp unter den dort ansässigen Künstlern und Musikern geworden!

Beinahe fühlt man sich nach Burano, der kleinen Schwester Venedigs versetzt, denn die Wellblech-fassadenfassaden und Türen sind ähnlich bunt gestrichen. Doch nicht nur in der Straße, auch im Tearoom selbst wird es nostalgisch. Man fühlt sich an Großmutters gute Stube erinnert, wenn man aus alten Teetassen mit Blümchenmuster und Goldrand seinen Earl Grey Tee genießt. Alles ist herrlich vintagemäßig, die Möbel und das Geschirr sind alle unterschiedlich und passen trotzdem gut zusammen.

Ein Afternoon Tea kostet hier 15 £, ein Cream Tea für zwei 8 £, mit dem Kuchen wird aber auch nicht gespart. Serviert wird der Tea unter der Woche bis 15:30 Uhr, am Wochenende bis 16:30 Uhr. Es kann aber sein, dass sie schon vorher ausverkauft sind. Deshalb ist es ratsam, einen Tisch und einen „Afternoon Tea" telefonisch vorzubestellen. Es bestehen auch glutenfreie und vegane Möglichkeiten, diese müssen Sie aber mindestens 24 Stunden vorher bestellt werden!

Finden können Sie den ‚Hidden Lane Tearoom' in der **1103 Argyle Street Unit 8, The Hidden Lane.**

The Corinthian

thecorinthianclub.co.uk

Jetzt wird es nobel. Wer sich in eine etwas modernere Version des Ballsaals von „Stolz und Vorurteil" versetzt fühlen möchte, der sollte auf jeden Fall dem „The Corinthian" einen Besuch abstatten.

Ihr „Signature Afternoon Tea" wird ab 20 £ pro Person serviert. Sollten Sie ein Glas Gin Tonic oder einen Prosecco dazu wünschen, können Sie diese für 5 £ extra dazu bestellen, ein Glas Moet für 8 £. Sie haben jeden Tag von 12 bis 17:30 Uhr die Möglichkeit, diese kleine Dekadenz zu genießen, allerdings sollten Sie auch hier einen Tisch reservieren.

Hier überzeugt nicht nur der absolut tadellose „Afternoon Tea", dessen Gebäck, Kuchen und Sandwiches jeden Tag von einem eigenen Konditormeister zubereitet werden. Auch das Personal serviert und verwöhnt mit einer angenehmen Freundlichkeit und ist sehr zuvorkommend, das Interieur und die Architektur des ehemaligen Bankgebäudes sind absolut hinreißend! Nicht nur die hohen Stuckdecken mit der berühmten Glaskuppel verzaubern, auch die Kronleuchter, das alte Parkett und die unaufdringliche Eleganz der Einrichtung tun ihr übriges. Wenn Sie sich dafür entscheiden, diesem Stück Historie einen Besuch abzustatten, dann sollten Sie auch unbedingt den Rest des vierstöckigen Gebäudes erkunden. Zu finden sind hier nämlich auch ein Casino, eine Boutique, eine Gin Bar und eine Dachterrasse. Darüber hinaus gibt es in dem Bereich „Charlies Parkers Room" täglich Livemusik.

‚The Corinthian' befindet sich in der **191 Ingram Street, Merchant City.**

The butterfly and the pig

thebutterflyandthepig.com

Die Schrullen der Schotten wurden ja eingangs schon erwähnt und dieser Tearoom macht da keine Ausnahme. Schon allein der Name spricht für die Originalität dieser Lokation, ein Blick hinein bestätigt die Annahme. Stylisch und modern ist anders und diese Tapeten waren sicher auch nur in den 70ern erlaubt, aber trotzdem kann man sich der Atmosphäre absoluter Entspannung und Gemütlichkeit nicht entziehen. Hier glaubt man unerschütterlich daran, dass reichliches und gutes Essen mindestens zwei Drittel aller Probleme und die schlanke Figur ohne Probleme aus dem Weg räumen können. Und wenn man die reichlichen Sandwiches und mit Sahnehauben gekrönten süßen Teilchen einmal probiert hat, die hier von 12 bis 17 Uhr serviert werden, lässt sich das auch nicht mehr leugnen. Für knapp 14 £ darf man den obersten Hosenknopf öffnen, der Cream Tea für zwei schlägt sich mit 9 £ zu Buche. Neben dem „Afternoon Tea" gibt es hier auch eine sehr empfehlenswerte Tageskarte und Fish 'n' Chips, die es leider nicht mehr in unsere Restaurantliste von vorhin geschafft haben. Die Speisekarte für sich ist schon eine Lektüre wert, lassen sie vor allem die Einleitung nicht aus. Hier lässt sich für (fast) jeden Geschmack etwas finden. Und wenn nicht, dann lesen Sie, wie empfohlen, die Einleitung zur Speisekarte. Zu finden ist dieses Erlebnis in der **153 Bath Street.**

The Cup and Saucer
thecupandsaucer.biz

„The Cup and Saucer" ist einer jener Plätze, wo man zu Beginn etwas zurückhaltend ist, anderen davon zu berichten. Soll man diesen Geheimtipp wirklich der Öffentlichkeit zugänglich machen? Aber wenn Sie sich schon einmal in Glasgow befinden, dann müssen Sie auch dorthin! Hier werden Sie glatt 70

Jahre in der Zeit zurückgeworfen. Ähnlich wie der „The Hidden Lane Tearoom" ist auch hier alles im Vintage Stil der 1950er eingerichtet. Nicht zusammenpassende Möbel, Servierkräfte mit Petticoats, Haarbänder und Polkadots verbreiten nostalgisches Flair. Ebenso der Tresen mit den hausgemachten Köstlichkeiten. Der „Afternoon Tea" erlaubt einem einen Querschnitt durch das Sortiment und ist mit 12,50 £ definitiv ein Geschenk. Auch mit dem Cream Tea für 4,25 £ kann man nichts falsch machen. Auf der Etagere werden die Scones und Kuchen schon übereinandergestapelt, um überhaupt alles unterzubringen und das glückselige Lächeln breitet sich von ganz allein auf dem Gesicht aus. Wer in der **Cresswell Lane, Upper Floor** nicht vorbeischaut, ist selber schuld.

Die besten Sights!

Jeder kennt die Massen, die zum Eiffelturm, dem Louvre, in den Buckingham Palace oder zum Schloss Schönbrunn strömen. Jetzt können Sie erleichtert ausatmen, denn das wird Sie in Glasgow nicht erwarten. Es mag zum Teil daran liegen, dass es in dieser Stadt (noch) kein Objekt gibt, dass die Menschen von Nah und Fern derart anzieht, zu Unrecht allerdings. Hier gibt es ebenfalls einige erwähnungswürdige Plätze, die einen Besuch absolut wert sind. Und Sie können die meisten davon absolut ungestört und mit vergleichsweise wenigen

Touristen erkunden. Ein weiterer Bonus ist, dass fast alle Museen eintrittsfrei sind! Allerdings schließen viele Museen bereits um 17 Uhr oder früher! Seien Sie also früh genug da. Vor allem, wenn Sie etwas von Macintosh besichtigen möchten, sollten Sie sich vorab über Eintrittszeiten und Preise informieren, da man sonst schnell vor verschlossenen Türen steht.

MUSEEN

Kelvingrove Art Gallery and Museum
glasgowlife.org.uk

Ein Muss in Glasgow, das Sie nicht auslassen dürfen! Das Museum ist einem Haus des frühen 20. Jahrhunderts untergebracht. Der rote Sandstein und die Architektur allein machen dieses Gebäude zu einem absoluten Hingucker, die Ausstellungen darin sollten Sie aber noch mehr überzeugen. Über 8.000 Exponate sind hier ausgestellt und in 22 Themenbereiche gegliedert. Hier können Sie in die ägyptische Ära der Pharaonen und der Grabkunst eintauchen, den naturhistorischen Bereich besuchen oder sich durch verschiedene Kunstepochen arbeiten. In diesen werden Sie die Werke von berühmten flämischen, französischen, deutschen und italienischen Meistern entdecken. Auf der Galerie gibt es einen Rundgang mit bezaubernden Statuen und Skulpturen, die aus allen Epochen zusammengetragen wurden.

Ihre Taschen können Sie im Keller hinterlegen, dort gibt es auch einige eher ungewöhnliche Museumsshops. Wenn Sie es einplanen können sollten Sie ihren Besuch im Kelvingrove Museum auf jeden Fall so legen, dass Sie einem der täglichen Orgelkonzerte lauschen können, die auf der über 100 Jahre alten Kelvingrove Orgel gespielt werden oder Sie werden Zeuge eines Dudelsackspielers, der die alten Weisen meistert. Sie können zuerst einen Spaziergang durch den Kelvingrove Park unternehmen und am Fluss Kelvin entlang schlendern, bevor Sie einige Stunden in die Welt der Kunst eintauchen.

Zu finden ist das Museum in der **Argyle Street**. Öffnungszeiten: täglich von 10:00 – 17:00 Uhr

Gallery of Modern Art (GoMA)

qagoma.qld.gov.au

Das GoMa liegt mitten im Glasgower Zentrum und ist die am meisten besuchte moderne Kunstgalerie

Schottlands. Das Äußere erinnert stark an einen griechischen Tempel und war ursprünglich die Villa eines Tabakbarons. Sie beherbergt neben dem Museum auch eine Bibliothek. Hier werden neben zeitgenössischen schottischen auch die Werke internationaler Künstler ausgestellt.Da es sich hier nur um temporäre Ausstellungen handelt, sollten Sie sich vorab selbst über das aktuelle Programm im Internet informieren.

Ausfindig machen können Sie das Museum in der **111 Queen Street, Royal Exchange Square.** Öffnungszeiten: Mo-Mi und Sa: 10:00 – 17:00, Do: 10:00 – 20:00, Fr. und So.: 11:00 – 17:00

House for an Art Lover

houseforanartlover.co.uk

Das wohl berühmteste Kind Schottlands und Glasgows war und ist Charles Rennie Mackintosh. Der Architekt und Designer des späten 19. und frühen 20. Jahrhunderts wird immer noch weithin zu Recht verehrt. Das „House for an Art Lover" entstand in einem, von der deutschen Zeitschrift „Zeitschrift für Innenarchitektur", ausgeschriebenen Wettbewerb, ein „Haus eines Kunstfreundes" zu entwerfen. Und in genau ein solches tritt man ein, wenn man dieses außergewöhnliche Museum besucht. Seit etwa 20 Jahren steht dieses Haus, das erst 1989 verwirklicht wurde, der Öffentlichkeit zur Verfügung. Die nähere Geschichte und welche Stolpersteine es zu überwinden galt, wird dort ausführlicher erklärt. Dies ist eines der wenigen Museen, das nicht gratis ist, aber der Eintritt ist es wert. Denn obwohl es lediglich nachgebaut ist, fühlt man sich doch hundert Jahre in der Zeit zurückversetzt.

Das Museum inklusive Park liegt in der **10 Dumbreck Road, Bellahouston Park.** Öffnungszeiten: täglich von 10:00 – 17:00 Uhr

The Riverside Museum of Transport and Travel
glasgowlife.org.uk

Schon allein wegen der atemberaubenden Architektur des Museums, entworfen von der irakischen Architektin Zaha Hadid, sollte man in den **100 Point House Place** fahren. Direkt an den Clyde gebaut, wirkt die Front des Museums wie eine zum Gebirge erstarrte Welle, die sich trotzdem organisch in die Umgebung einfügt. Direkt davor steht eine weitere Attraktion Glasgows, das „Tall Ship", welches ebenfalls kostenlos besichtigt werden kann und vor allem für Kinder ein Paradies darstellt.

Im Riverside Museum selbst wurde ein Zuhause für ausgediente Verkehrsmittel geschaffen. Damit diese sich nicht verloren fühlen, hat man eine ganze Straße samt Gebäuden nachgebaut, und die Geschichte von Transport und Verkehr mit allen nur erdenklichen fahrbaren Untersätzen veranschaulicht. Fast alles kann auch von innen besichtigt werden und manche Exponate kann man sogar betreten. Die Räume sind thematisch geordnet und so spaziert man durch Säle voller von der Decke hängenden Fahrrädern, Autos und Kinderwägen und lernt vieles über die Geschichte der U-Bahn in Glasgow. Ein absolutes Muss! **Öffnungszeiten: täglich von 10:00 – 17:00 Uhr**

Weitere Museen, deren Besuch sich lohnt:

St. Mungo Museum of Religious Life and Art
glasgowlife.org.uk

In einer alten Burg gelegen, dreht sich hier alles ausschließlich um Religion und deren Kunstformen. **2 Castle Street,** Öffnungszeiten: täglich von 10:00 – 17:00 Uhr

Scottish Football Museum

scottishfootballmuseum.org.uk

Nicht nur für Sportler geeignet, kann man hier alles über die Geschichte schottischen Fußballs erfahren und das Stadion besichtigen, wenn nicht gerade ein Spiel stattfindet. **Hampden Park Letherby Drive, Öffnungszeiten: täglich von 10:00 – 17:00 Uhr**

Sharmanka Kinetic Theatre

sharmanka.com

Herrlich schrullig, gruselig und berührend wurde in diesem Museum auf kleinste Details geachtet. Mit geschnitzten Figuren, Schrott, Licht, Schatten und Musik werden der Kreislauf des Lebens und die dagegen ankämpfenden Menschen dargestellt. Göttlich! **103 Trongate, erster Stock**

Öffnungszeiten:

Mi – Do: 17:30 - 18:30

Do: 19:00 - 20:00

Fr – So: 15:30 - 16:30

Sa – So: 17:00 - 18:00

Glasgower Police Museum

policemuseum.org.uk

Klein, aber fein wird hier die Geschichte der Polizei in Glasgow erzählt. **30 Bell Street,**

Öffnungszeiten: täglich von 10:00 – 16:30 Uhr

The Tenement House

nts.org.uk

Hier wurde eine Wohnung im Originalzustand des frühen 20. Jahrhunderts belassen, mit liebevollen Details. **145 Buccleuch Street,** Öffnungszeiten: täglich von 10:00 – 17:00 Uhr

Scotland Street School Museum

glasgowlife.org.uk

Ebenfalls von Mackintosh entworfen, ist diese ehemalige Schule auf jeden Fall einen Besuch wert. **225 Scotland Street, Öffnungszeiten:** Di – Sa: 10:00 – 17:00, So: 11:00 – 17:00

KIRCHEN

Wenn Sie die Einführung zu diesem Buch und das Kapitel über die Geschichte Glasgows gelesen haben, dann wissen Sie jetzt, dass diese Stadt von dem Mönch St. Mungo gegründet wurde und er eine erste Kirche dort baute, an deren Platz heute die Kathedrale von Glasgow steht. Dieser möchten wir uns in diesem Kapitel auch als Erstes widmen, denn sie ist absolut einen Besuch wert.

St. Mungo's Cathedral

glasgowcathedral.org

Die Kathedrale von Glasgow wurde 1197 erbaut und fertig gestellt. An diesem gotischen Prachtbau ist alles, bis auf die Bleiglasfenster, die nach dem Krieg erneuert wurden, original. Die Gebeine von St. Mungo werden angeblich in der Krypta aufbewahrt und waren vor vielen Jahren ein Anziehungspunkt für Pilger aus Nah und Fern. Sonntags um 11:00 Uhr kann man an dem Gottesdienst der presbyterianischen Gemeinde teilnehmen. Wenn Sie schon einmal in Glasgow sind, wäre es eine Schande, dieses Juwel der gotischen Baukunst nicht zu besichtigen.

Govan Old Parish Church

thegovanstones.org.uk

Diese Kirche befindet sich ziemlich genau gegenüber des Riverside Museums und kann per Fähre oder U-Bahn erreicht werden. Diese kleine Reise sollte man auf jeden Fall auf sich nehmen, denn in und um die Kirche kann man etwas Außergewöhnliches besichtigen. Vor nicht allzu langer Zeit wurden hier nämlich die sogenannten **„Govan Stones"** wiederentdeckt. Diese Grabsteine stammen aus dem Mittelalter, als sich hier zum ersten Mal ein Machtzentrum bildete. In den Stein wurden keltische Muster und Kreuze geschnitten, um den Königen von Strathclyde zu gedenken. 31 dieser einzigartigen Steine wurden in und um die Kirche herum ausgestellt, zusammen mit fünf **„Hogback Stones"**. Hierbei handelt es sich um Grabsteine der Wikingerzeit, die ihren Namen wegen der schweinerückenartigen Form erhalten haben.

Aber nicht nur diese archäologischen Funde sind beeindruckend, auch das Kirchengebäude bezaubert. Der Eintritt ist kostenlos, um eine Spende zum Erhalt der Kirche wird aber gebeten. Darüber hinaus hat die Kirche nur vom **1. März bis zum 31. Oktober** geöffnet.

Paisley Abby

paisleyabbey.org.uk

Diese Abtei ist fast genauso alt wie St. Mungo's Cathedral und seine Geschichte ist ebenso spannend. Gegründet wurde die Abtei 1163, 1307 wurde sie durch ein Feuer fast vollständig zerstört und wiederaufgebaut. Es wird vermutet, dass William Wallace hier von den Mönchen unterrichtet wurde. Auch König Robert II. ist mit der Geschichte der

Abtei verbandelt. Seine Mutter starb nach einem Reitunfall in der Nähe, er aber wurde von den Mönchen aus ihrem Leib gerettet. Deshalb nennen die Mönche ihr Haus auch die „Wiege des königlichen Hauses Stewart".

Geführte Touren gibt es jeden **Dienstag und Donnerstag um 14:00 Uhr**. Tickets kosten 5 Pfund und können im Abbey Shop erworben werden. Ansonsten steht die Abtei von **Montag bis Samstag von 10:00 – 15:30** allen Besuchern offen.

Queen's Cross

mackintoshchurch.com

Im Jahre 1896 wurde einem jungen Architektenpraktikanten namens Charles Rennie Mackintosh von seinen Lehrherren, John Honeyman, ein Projekt zum Neubau einer freien Kirche übertragen. Und da steht sie nun, die „Queen's Cross" und ist damit das einzige sakrale Gebäude, das von Mackintosh entworfen wurde. Im Inneren erwartet einen ein zurückhaltender Mix aus englisch-gotischem Stil mit asiatischen Einflüssen. Klingt schwer vorstellbar, macht aber Sinn, sobald man einmal einen Fuß in diese Kirche gesetzt hat.

Für Besucher steht die Kirche vom 1. April – 31. Oktober, 1. November – 18 Dezember und 6. Februar – 29 März von 11:00 – 16:00 Uhr offen, letzter Einlass ist eine halbe Stunde vor Schließung.

DIE UNIVERSITÄT

gla.ac.uk

Es gibt nur wenige Universitäten mit Weltruf, noch nie hat jemand lieber das College von Charlottesville besichtigt als Harvard oder Oxford. Auch der Universität von Glasgow eilt ihr Ruf voraus und sie ist es absolut wert, einige Stunden Ihres Tages dort zu verbringen. Mittlerweile hat sich diese Institution in die Liste der Top 100 Universitäten hochgearbeitet und sieben Nobelpreisträger hervorgerbacht. Gegründet wurde sie 1451 und ist damit die zweitälteste Schottlands und die viertälteste im gesamten Vereinigten Königreich.

Ursprünglich hatte sie ihren Sitz in der High Street, bevor sie 1850 auf den Gillmorehill umsiedelte. Die Universität ist unglaublich groß und verzaubert mit einer einzigartigen Architektur. Die Innenhöfe und der rote Sandstein erzeugen trotz des hochherrschaftlichen Hauses eine warme und heimelige Atmosphäre. Besucher können die Universität jederzeit besuchen, es gibt keine Eintrittsgebühren. Es gibt aber auch geführte Touren, die von **April bis Oktober dienstags bis sonntags um 11:00 und 14:00 Uhr** im Besucherzentrum der Universität starten. Tickets müssen Sie vorab kaufen, entweder über Eventbrite.de oder von dem Tour Guide, bevor die Tour beginnt. Sollte ihre Gruppe mehr als acht Personen zählen, sollten Sie telefonisch Bescheid geben. Dinge, die Sie dort unbedingt besichtigen müssen, sind folgende:

Professors' Square

Die dreizehn Stadthäuser waren ursprünglich als Unterkünfte für die Universitätsprofessoren gedacht, heute beherbergen sie Büros und Klassenzimmer.

Die Kapelle

1929 fertig gestellt ist die Universitätskapelle eine Gedenkstätte für die Gefallenen des zweiten Weltkrieges und bildet das Herz des Universitätsgeländes. Sie kann **unter der Woche von 9:00 – 17:00** besichtigt werden.

Der Löwe und das Einhorn

Die Treppe, mit der Löwen- und der Einhornstatue ist 1690 von William Riddel erschaffen worden und dann mit zum neuen Standort übersiedelt worden. Der Löwe ist das Nationaltier Englands, das Einhorn steht für Schottland und verkörpert Kraft und Reinheit.

Das Kelvin Haus

Lord Kelvin ist der Erfinder und Begründer der ersten wirklichen Temperaturskala, die heute als die Kelvin Skala bekannt ist. Sein Haus war eines der ersten, das ausschließlich von Elektrizität erleuchtet wurde.

Das Gilbert Scott Gebäude

Benannt nach seinem Architekten, ist dieses Haus das Hauptgebäude am Campus. Über dem Haupteingang ist das Motto der Universität, „Via, Veritas, Vita", also „Der Weg, die Wahrheit, das Leben", eingraviert. Der Turm, der fast 85 Meter hoch ist, ist eines der bekanntesten Bauwerke Glasgows.

Die Kreuzgänge

Diese beeindruckenden Kreuzrippengewölbe verbinden den östlichen und den westlichen Innenhof und führen die Besucher weiter in das „**Hunterian Museum**", die „**Bute Hall**" und das eben erwähnte Gilbert Scott Gebäude. Sie sollten hier allerdings nicht einfach hindurchhetzen, sondern die Ruhe und die Architektur genießen.

Das Hunterian Museum und Kunst Galerie

Obwohl in der Museums Liste vorhin nicht erwähnt, sollten Sie sich dieses Stück Geschichte nicht entgehen lassen. Gegründet wurde das älteste öffentliche Museum Schottlands von William Hunter, einem leidenschaftlichen Anatomen, dessen Arbeit die Medizin, vor allem in der Geburtshilfe, vorangebracht hat.

Nicht im selben Gebäude, sondern auf der anderen Straßenseite neben der Universitätsbibliothek befindet sich die „**Hunterian Art Gallery**", die ebenfalls einen Besuch wert ist. Der Eintritt ist frei, außer man möchte das „**Mackintosh House**" besichtigen, das sich ebenfalls in dem Museum befindet. Hierfür wird ein kleiner Eintritt verlangt. Öffnungszeiten: Di – Sa: : 10:00 – 17:00, So: 11:00 – 16:00

GEHEIME GÄSSCHEN UND SCHÖNE VIERTEL

Wenn man das wahrscheinliche Unglück hat, in Glasgow an einem verregneten Tag anzukommen, mag die Stadt zu Beginn etwas düster und abweisend wirken, wie die perfekte Inspirationsquelle für Gotham City. Dass das nicht stimmt, beweisen die vielen kleinen abgeschiedenen und herrlich wildromantischen Gässchen und die wunderschönen Wohnviertel der Stadt. Es ist in jeder Stadt großartig, etwas von den gewöhnlichen Touristenpfaden abzuweichen, und die weniger überlaufenen Viertel zu erkunden.

Ein perfektes Beispiel dafür ist das **Woodlands** Viertel, direkt neben dem Kelvingrove Park. Wagen Sie sich ruhig in die kleinen Seitenstraßen mit dem etwas wilden Kopfsteinpflaster. Einige Hauseingänge sind liebevoller mit Blumenkübeln und bunten Türen dekoriert als andere und manche Hinterhöfe sind etwas weniger ansprechend, aber alles in allem ist es trotzdem spannend, dort ein bisschen herum zu streunen. Besonders eine Runde in der Park Circus Lane und in den Nebenstraßen ist empfehlenswert. Auch **Dowanhill** ist ein ausgesprochen hübsches Viertel mit roten Sandsteinhäusern. Abends sollten Sie sich auf jeden Fall in die **Ashton Lane** und Umgebung begeben, die herrliche Atmosphäre der Straße in sich aufnehmen und dort in einem der lebhaften Restaurants und Bars einen Drink oder ein Abendessen gönnen. Danach können Sie in dem kleinen Kino mit coolem Eingangsbereich einen Film ansehen oder Sie spazieren durch die Nacht zurück ins Hotel.

PARKS UND WANDERUNGEN

Man muss den Glaswegians wirklich zu Gute halten, dass es genügend Grünflächen gibt, in denen man den Trubel der Stadt für einige Zeit hinter sich lassen kann. Einige sind noch dazu rund um einen Flussarm angelegt und mit einer Vielzahl von Bänken und Spazierwegen ausgestattet, weswegen es einen gewissen Reiz bieten kann, sich an einem sonnigen Tag mit einem Picknickkorb, Spielen und Lesestoff in einen davon zurückzuziehen. Außerdem gibt es nördlich und westlich von Glasgow zwei Nationalparks mit einer Unmenge an Lochs, die einen perfekten Rückzugsort für einsame Wanderungen bieten. Die schönsten finden Sie unten aufgelistet.

Necropolis

glasgownecropolis.org

Was sich im ersten Moment nach einer griechischen Tempelanlage anhört, ist in Wirklichkeit ein viktorianischer Parkfriedhof, der sich hinter der Kathedrale erstreckt. Auf den rund 15 ha gibt es organisierte Führungen, um die Geschichte der Skulpturen und der Architektur besser zu verstehen. Denn für die hier über 50.000 beerdigten Toten wurden wahre Paläste errichtet, welche dem Friedhof das Gruselige nehmen. Da dieser Park auf einem Hügel liegt, haben Sie einen weitläufigen Blick auf die darunter liegende Stadt.

Bellahouston Park

Gerade im Herbst ist dieser Park eine Freude für die Augen. Das bunte Laub verteilt sich dann malerisch auf den sanft abfallenden Hügeln und macht den Spaziergang noch um einiges besser. Hier gibt es verschiedene Themengärten, wie etwa den „Walled Garden" oder den „Sunken Garden". Außerdem erwarten Sie einige Außenkunstwerke und Fitnessgeräte.

Pollok Country Park

Direkt neben dem Bellahouston Park liegt der Pollok Country Park. Hier finden Sie nicht nur weite Wiesen zum Dahinschlendern, sondern auch die „Burrell Collection", die vor allem Keramikkunst, Glas und Wandteppiche beherbergt. Außerdem kann es sehr gut sein, dass Sie kurz nach dem Eintreffen freundlich von einigen Highland-Rindern begrüßt werden.

Kelvingrove Park

Der Kelvingrove Park liegt sehr zentral mitten in der Stadt und grenzt an, welch Wunder, an das Kelvingrove Museum. Er ist einer der weitläufigsten Parks und lädt mit einer Vielzahl an Spazierwegen am Kelvin zum Verweilen ein. Auch für einen schnellen Stopp zum Durchatmen für Zwischendurch eignet sich dieser Park wundervoll, da er an viele Attraktionen angrenzt.

Linn Park

Der Linn Park ist mit 33 ha die zweitgrößte Grün-
fläche der Stadt. Hier gibt es nicht nur einen Golf-
platz, im Winter können Sie außerdem rodeln gehen oder Schneewanderungen unternehmen. Das
Schöne hier ist, dass Sie zwischen vielen verschiedenen Routen wählen können, egal ob lang, kurz,
schwer oder einfach. Viele Wege führen durch Wälder und über zahlreiche alte Brücken, allen voran
die „White Bridge" zieht viele Fotografen an ebenso
wie die Wasserfälle.

NATIONALPARKS

Sollten Sie sich in Glasgow ein Auto mieten, dann
sind Sie schon beinahe dazu verpflichtet, in einen
der beiden nahe gelegenen Nationalparks zu fahren. Aber seien Sie gewarnt! Obwohl Sie sich hier
nicht im Regenwald befinden, gibt es trotzdem ge-
fährliche Raubtiere hier. **Midges.** Diese kleinen
Biester sind kaum größer als zwei Millimeter, aber
die Bisse jucken dafür für zwei Wochen. Giftig oder
anderweitig gefährlich sind sie nicht, aber gegen die
kleinen Quälgeister ist kaum ein Schutzmittel ge-
wachsen. Die Einheimischen schwören auf eine

Sprühlotion. „**Avon: Skin so soft**" erhalten Sie in fast jedem Supermarkt. Es ist zwar kein Insektenschutzmittel, hält die Midges aber trotzdem besser ab als so manch anderes Mittel. Trotzdem werden Sie sie nie ganz loswerden. In einigen Monaten ist die Plage aber schlimmer als in anderen. Der August ist die schlechteste Zeit, um in den Highlands wandern zu gehen, etwas angenehmer ist es davor und danach. Die Midges werden Sie auch nicht belästigen, wenn Wind aufkommt. Deshalb: Immer in Bewegung bleiben und den Mund zumachen.

„**Clyde Muirshiel Regional Park**" und der „**Loch Lomond and the Trossachs National Park**" sind etwa gleich weit von Glasgow entfernt und eignen sich perfekt für eine Tagestour oder länger.

Lochs sind in Schottland alle stehenden Gewässer und einige davon sind weltbekannt, wie etwa Loch Ness. Doch es gibt einige weit schönere Lochs als dieses, eines davon ist Loch Lomond, nicht umsonst gilt er als der schönste See Schottlands. Es reicht schon beinahe, einfach darum herum zu fahren und wehmütigen, schottischen Weisen zu lauschen, so schön ist der See, der wie ein schimmernder Spiegel mitten in Landschaft liegt und von Hügeln begrenzt wird. Allerdings ist noch viel schöner, sich die Umgebung als Wanderer anzueignen. Dafür sollten Sie sich allerdings unbedingt eine Wanderkarte besorgen, damit Sie nicht verloren gehen! Die beiden besten Wanderungen sind allerdings der Wanderweg zu **Ben Lomond**, einem kleinen Berg am Ostufer von Loch Lomond.

Hierfür können Sie ihr Auto im „Ben Lomond Car Park" abstellen. Dieser ist kostenpflichtig und Sie sollten nicht zu spät dran sein, nach 11 Uhr wird es schwer einen freien Parkplatz zu bekommen. Die andere Wanderung ist der **„Glen Ogle Trail"**, eine vier Stunden Route, die zwar familiengeeignet ist aber trotzdem wachsam erklommen werden sollte. Einige Abschnitte sind eher steil und das Wetter hinterlässt die Wege etwas rutschig. Sie gibt Einblicke in das berühmte Glen Ogle Viadukt und Loch Earn.

Weitere empfehlenswerte Wanderungen sind:
• Der Inversnaid RSPB Nature Trail
• Der Callander Crags Trail
• Eine Wanderung zum Conic Hill

Aber auch im „Clyde Muirshiel Regional Park" gibt es herrliche Wanderungen. Die Wege führen durch Wälder und sanfte Hügel und sind leicht zu begehen. Diese Landschaft wird Ihnen ohne Zweifel Lust auf den Rest von Schottland machen. Die Ausblicke von hier sind einfach nur fantastisch. Obwohl sie sich nicht mit denen aus dem Norden des Landes vergleichen, lassen geben sie dennoch einen sehr guten Vorgeschmack auf das, was Sie noch erwartet.

Der Startpunkt zum Rest von Schottland

Wie Sie sicher schon festgestellt haben, wirft Ihnen Glasgow und seine Umgebung nur Brocken von der Schönheit und Einzigartigkeit von Schottland zu. Es macht Sie hungrig nach mehr und weckt ihre Neugier nach dem Rest dieses geheimnisvollen Landes. Und genau deshalb ist es der ideale Ausgangspunkt für eine Rundreise durch Schottland. Denn dieses Land birgt mehr ungeahnte Überraschungen und Landschaften, die mit ihrer kargen Wildheit den Atem rauben als man zu Beginn vielleicht meinen möchte und Glasgow bereitet Sie sanft darauf vor, bevor es Sie in die angenehme Einsamkeit des Landinneren entlässt.

An dieser Stelle entlassen wir Sie nun auch und wünschen Ihnen viel Spaß beim Erkunden und Entdecken dieser einzigartigen Stadt.

Quellen

Robin Gauldie, Sally Roy; "The AA Guide to Scotland"; 2016; AA Publishing, S. 18-23

John Richardson; „The Romans and the Antoine Wall"; 2019; Verlag unbekannt; S. 30

Andreas Neumeier; "Schottland"; Michael Müller Verlag – individuell reisen; S. 40 – 56

Matthias Eickhoff; „Schottland"; Stefan Loose Travel Handbücher; S. 234 – 236

Michael Meighan; "Glasgow – A History";2013; Amberly Publishing

James Denholm; "The History of the City of Glasgow and Suburbs. To which is added, a sketch of a tour to the principal Scotch and English lakes"; 1804; gedruckt von R. Chapman

Packliste

Geld & Finanzen

O (evtl.) Auslandswährung

O Bargeld

O Bauchtasche

O Brustbeutel

O Bauchtasche

O EC-Karte

O Kreditkarte

O Notfall-Telefonnummern der Banken

O Portmonee

Hygiene

O Haarbürste / Kamm

O Deo (klein)

O Shampoo

O Kulturtasche

O Sonnencreme

O Taschentücher

O Reise-Zahnbürste und Zahnpasta

O Verhütungsmittel

Kleidung

O Badeklamotten

O Gürtel

O Hosen kurz / lang

O Mütze / Cap / Hut

O Pullover

O Regenjacke

O Schlafanzug

O Socken

O Sonnenbrille

O Sportklamotten / Jogginghose

O T-Shirts

O Unterwäsche

Medikamente

O Blasenpflaster

O Anti-Durchfalltabletten

O Erste-Hilfe-Set

O Fiebertabletten

O Fiebertabletten

O Mückenschutz

O sonstige Medikamente

O Pflaster

O Kopfschmerztabletten

Unterlagen & Papiere

O ADAC Unterlagen

O Adresslisten für Postkarten

O Krankversicherungsnachweis

O Stadtplan

O Führerschein

O Unterlagen für die Unterkunft

O Wasserdichte Hülle für Reiseunterlagen

O Impfausweis

O Mietwagenunterlagen

O Personalausweis

O Reisepass

O Reisetagebuch

O evtl. Studentenausweis

O evtl. Visum
O Zug- / Bahn- / Flugticket

Taschen & Rucksäcke

O Koffer / Trolley / Reisetasche
O Regenhülle für Rucksack
O Rucksack

Schuhe

O Badeschlappen / Hausschuhe
O Schuhe und Wechselschuhe

Sonstiges

O Brille / Kontaktlinsen und Etui
O Buch zum Lesen
O Ohrenstöpsel und Schlafmaske
O Regenschirm
O Reisedecke
O Wasserflasche
O Wörterbuch

Elektronik

O Digitalkamera

O Handy

O Ladekabel

O Kopfhörer

O evtl. Steckdosenadapter

O Power-Bank

Herstellung und Verlag:

BoD – Books on Demand, Norderstedt

ISBN: 9783752869699

1. Auflage

Kontakt: Psiana eCom UG/ Berumer Str. 44/ 26844 Jemgum

Covergestaltung: Fenna Larsson

Coverfoto: depositphotos.com